FLORIAN MAI

Herzliche Glückwünsche für dich

FOTOGRAFIEN VON ULRIKE ROMEIS

HERDER FREIBURG · BASEL · WIEN

Ich wünsche Dir Glück, Liebe, Freude und Lebendigkeit –
und daß Du immer mehr Du selbst wirst.
Ich wünsche Dir, daß Du viel zu lächeln und zu lachen hast,
aber auch die Traurigkeit verstehst, wenn sie Dir etwas Wichtiges
sagen will. Und daß Du immer mit Augen siehst, die Schönheit
zu entdecken wissen.
Dann wünsche ich Dir noch genug Zeit, um in Gelassenheit die
Aufgaben zu erfüllen, die das Leben Dir ans Herz gelegt hat.

Vergiß nie, daß Dein Glück Deine Dankbarkeit zu seiner Entfaltung braucht.
Viele sind undankbar in ihrem Glück, nehmen es als selbstverständlich.
Bei diesen Menschen hält das Glück es nicht lange aus, denn es braucht eine Atmosphäre der Wertschätzung, der Liebe.
Behandle Dein Glück wie einen Gast, von dem Du Dir wünschst, daß er niemals geht.

Deine Sehnsucht nach dem Glück ist ein guter Wegweiser. Sie führt Dich zu dem, was Deine Seele braucht.
Deshalb solltest Du keine Angst vor Deiner Sehnsucht haben, sondern ihr Dein Vertrauen schenken, auch wenn sie Deine Hand nimmt und Dich auf einen Weg führt, den Dein Verstand mit Skepsis betrachtet.
Wer seiner Sehnsucht nach dem Glück nicht vertraut, vertraut sich selber nicht.

Das Leben lebt von der Veränderung. Nichts kann bleiben, wie es ist. Heute wird Dir ein glücklicher Gewinn zuteil, morgen vielleicht schon ein schmerzlicher Verlust. Und manche Verluste erscheinen so groß, daß Du an Deinem Schicksal verzweifeln könntest. Doch was wirklich zu Dir gehört, wird in gewisser Weise immer bei Dir bleiben, denn es ist ein Teil Deines Wesens.

Sage nie zu einem Menschen, daß er Dich enttäuscht hat, denn im Grunde hast Du Dich selbst getäuscht – in ihm. Also richte Deine Vorwürfe gegen Dich selbst, frage Dich nach den Gründen der Fehler, die Du gemacht hast, und lerne daraus.
Wer sich selbst nicht mehr täuscht, ist nicht mehr zu enttäuschen.

Richte das Haus Deines Lebens so ein, daß die Freude Dich immer gern besucht. Ein freudloses Leben ist ein ungelebtes Leben.
Und verwechsle nie die Freude mit dem Vergnügen. Das Vergnügen ist oberflächlich und käuflich. Die Freude ist tief und für kein Geld der Welt zu haben.
Sie ergreift Dein ganzes Wesen, erfüllt es mit Wärme und Licht und hebt Dich auf eine höhere Ebene des Lebensgefühls.

Das Glück mag den Geduldigen, der erkannt hat, daß alles Gute seine Zeit braucht und sich nicht erzwingen läßt.
Also übe Dich in optimistischer Gelassenheit – eine Kunst, die Dir in fast allen Lebenslagen zum Vorteil gereicht.
Sie wurzelt in der Einsicht, daß alles Schlechte, was geschehen ist, nicht mehr zu ändern ist. Und in der Hoffnung, daß alles Gute, was nicht geschehen ist, noch geschehen kann.

Verleugne niemals Deine Individualität.

Jeder Mensch ist einzigartig und muß seinen eigenen Weg zum Ziel seiner Wünsche gehen.

Doch das bedeutet nicht Einsamkeit, denn es gibt immer Menschen, die eine kürzere oder auch längere Strecke des Weges mit Dir gehen, weil Dein Weg ein Teil ihres Weges ist.

Das Leben liebt es, uns alles Gute, das wir anderen Menschen ohne Berechnung schenken, irgendwann in einer Weise zurückzugeben, nach der wir uns am meisten gesehnt haben.
Und es geschieht oft dann, wenn wir so gut wie nicht mehr daran glauben.

Es gibt viel mehr Wüsten in dieser Welt, als die Landkarten verzeichnen. Wüsten in und zwischen den Menschen, Wüsten des Alltäglichen, Gewöhnlichen. Wüsten der Trauer und Enttäuschung, Wüsten der Ungerechtigkeit.
Du kannst den Weg durch sie nur meistern, wenn Du regelmäßig die Oasen der Liebe, der Schönheit und der Stille besuchst und Dich für unterwegs mit einem guten Vorrat an Humor und Gelassenheit versorgst.

Eine wichtige Voraussetzung für das Glück ist die Fähigkeit,
sich auf das Wesentliche zu konzentrieren.
Man muß vieles vergessen, um sich an das Eigentliche zu erinnern.
Also erledige das Notwendige, aber verzettele Dich nicht.
Wer auf zu vielen Hochzeiten tanzt, weiß irgendwann nicht mehr,
wo die Musik spielt.

Wer ein weites Innenleben hat, hat ein weites Erleben. Ein Mensch mit einem engen Herzen und Bewußtsein nimmt die oft subtilen Reize und Botschaften des Lebens nur zum Teil wahr, ohne ihre mögliche Tiefe und Bedeutung für sein Leben zu erahnen.
Darum gibt es kaum etwas Wichtigeres, als sich seinen seelischen Reichtum zu erhalten. Denn er schenkt zuverlässige Orientierung auf dem Weg durch das Chaos in der Welt.

Laß das Glück nie warten, wenn es an Deine Tür klopft. Unterbrich selbst die wichtigste Arbeit, laß alles stehen und liegen, um ihm sofort zu öffnen und es zu empfangen, als hättest Du Dein Leben lang auf sein Kommen gewartet.
Denn es kommt nicht oft und wartet nicht lange.
Und es merkt sich die Türen, die ihm nicht rechtzeitig geöffnet wurden.

Nichts Außergewöhnliches kann gelingen ohne die Zuversicht, daß es gelingen wird.

Der Optimist ist inspiriert von seinem Glauben, der Pessimist ist blockiert von seiner Skepsis. Er verzichtet auf die Freude aus Angst vor möglichem Leiden. Er verschließt sich dem Glück aus Angst vor möglicher Enttäuschung.

Man möchte ihm mehr Mut wünschen. Lebensmut, Liebesmut.

Bevor Du in Frieden mit anderen Menschen leben kannst, mußt Du lernen, mit Dir selbst in Frieden zu leben. Du mußt friedlich mit Dir fertig werden – friedfertig. Solange innere Kämpfe in Dir toben, wirst Du immer wieder in Kämpfe mit anderen geraten, denn niemand kann seinen Unfrieden für sich behalten.
Wenn Du in Harmonie mit Dir selbst lebst und innere Konflikte mit Gelassenheit und Humor löst, werden auch Deine Beziehungen zu anderen Menschen friedlich sein.
Und wer den Kampf mit Dir sucht, wird sich schnell zurückziehen, denn er findet in Dir keinen Anlaß zum Streit.

Die Menschheit hat einen langen Entwicklungsweg hinter sich,
doch in der Liebe tritt sie seit einer Ewigkeit auf der Stelle. Dabei
gibt es nichts Wichtigeres als die Entwicklung der Liebesfähigkeit,
denn nur wer lieben kann, kann auch wirklich leben.
Die Liebe ist ein magisches Licht in unserer entzauberten Welt,
eine Oase in der Wüste des Zweckdenkens, sie kann verzweifelte,
gekränkte Seelen heilen.
Wer einmal wirklich geliebt hat, hat einmal wirklich gelebt.
Er sollte alles daransetzen, daß es nicht bei diesem einen Mal bleibt.

Manches, was in der Welt geschieht, ist so widersinnig, daß man sich nur mit der Waffe des Humors dagegen wehren kann.
Indem man über das lacht, worüber man eigentlich weinen könnte, rettet man sich davor, im Sumpf des Elends in der Welt zu versinken.
Der Humor ist ein legitimer und notwendiger Schutz der Seele gegen übergroße Belastungen, unter denen sie zusammenzubrechen droht.

Die wahre Größe und Bedeutung eines Menschen läßt sich nicht an seinem gesellschaftlichen Einfluß, an seiner Macht und seinem Besitz erkennen.
Sie offenbart sich in seinen inneren Werten und Eigenschaften, die sich nicht berechnen lassen. Werten des Herzens wie Mitgefühl, Verständnis und Liebesfähigkeit. Werten der Seele wie Weisheit, Sanftmut und unsichtbare Schönheit.

Der Dichter sucht die Schönheit, der Philosoph sucht die Wahrheit.
Sei in Deinem Leben zu gleichen Teilen Dichter und Philosoph.
Denn nichts ist vergleichbar mit dem Erleben wahrer Schönheit,
denn es schenkt der Seele Glückseligkeit.
Und keine menschliche Weiterentwicklung ist möglich ohne die
Erkenntnis der Wahrheit, insbesondere der Wahrheit über sich selbst.

Mache aus Deinem Leben kein Schlachtfeld, sondern einen Garten, in dem Du Dich wohlfühlst und andere Dich gern besuchen, weil Dein Wohlgefühl sich auf sie überträgt.

Verzichte auf Siege, die Dich oder andere zu viel kosten. Weniger ist oft mehr.

Das Leben ist seinem innersten Wesen nach ein Spiel. Wer es zu einem Kampf macht, versteht es nicht tief genug.

Der Genuß ist ein wichtiger Bestandteil aller Lebenskunst. Wenn wir einen schönen Anblick, ein begeisterndes Musikstück oder die zärtliche Nähe zu einem geliebten Menschen mit ganzer Seele genießen, werden wir zu besseren, glücklicheren Menschen.
Denn das Leben tut uns gut, verwöhnt uns, entschädigt uns für die trüben Tage und grauen Stunden, gibt uns Wasservorrat für die Durststrecken des Alltags.

In gleicher Ausstattung sind erschienen:

Alles Gute für Dich
ISBN 3-451-27156-7

Viel Zeit für Dich
ISBN 3-451-27226-1

Alles Glück für Dich
ISBN 3-451-27153-2

Viel Kraft für Dich
ISBN 3-451-27820-0

Bunte Blumen für Dich
ISBN 3-451-27154-0

Alles Liebe für Dich
ISBN 3-451-27819-7

Viel Freude für Dich
ISBN 3-451-27155-9

Momente der Stille für Dich
ISBN 3-451-27518-X

Ein Sonnenstrahl für Dich
ISBN 3-451-27227-X

Alle Rechte vorbehalten – Printed in Italy
© Verlag Herder Freiburg im Breisgau 2001
Satz: Layoutsatz Kendlinger
Reproduktionen: RETE GmbH, Freiburg
Herstellung: L.E.G.O. Olivotto S.p.A., Vicenza 2001
ISBN 3-451-27517-1